PIXEL QUEST: COLOR BY NUMBER

FRUITS & FOODS

FOR KIDS

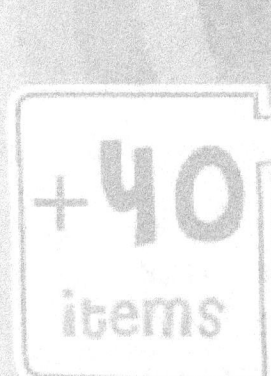

VOL. 2

Thank you for purchasing this quality coloring book!

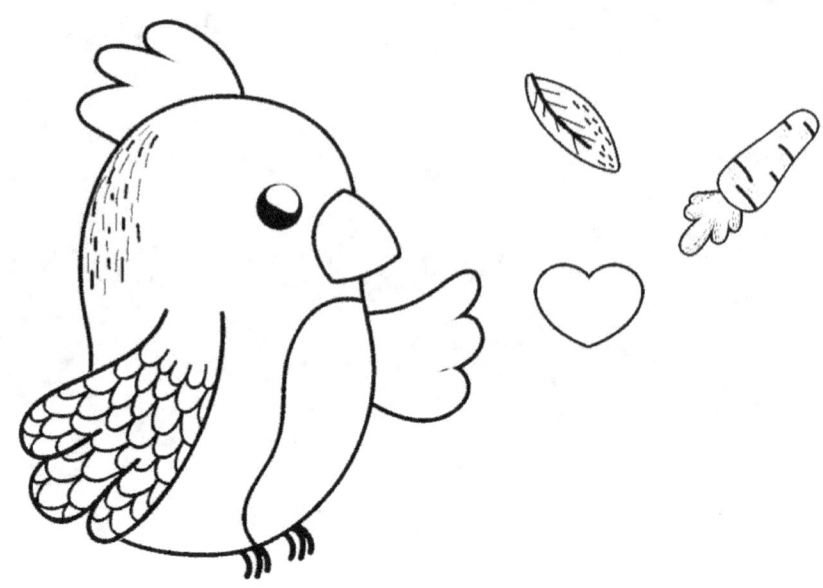

PIXEL QUEST:
COLOR BY NUMBER
Fruits & Foods

The pages of this book are suitable for crayons and colored pencils for kids. Each picture is printed on the side of 60 lb pure white paper to minimize scoring and bleed-through. It is also suitable for framing. Parents should teach children how to use this book and media properly.

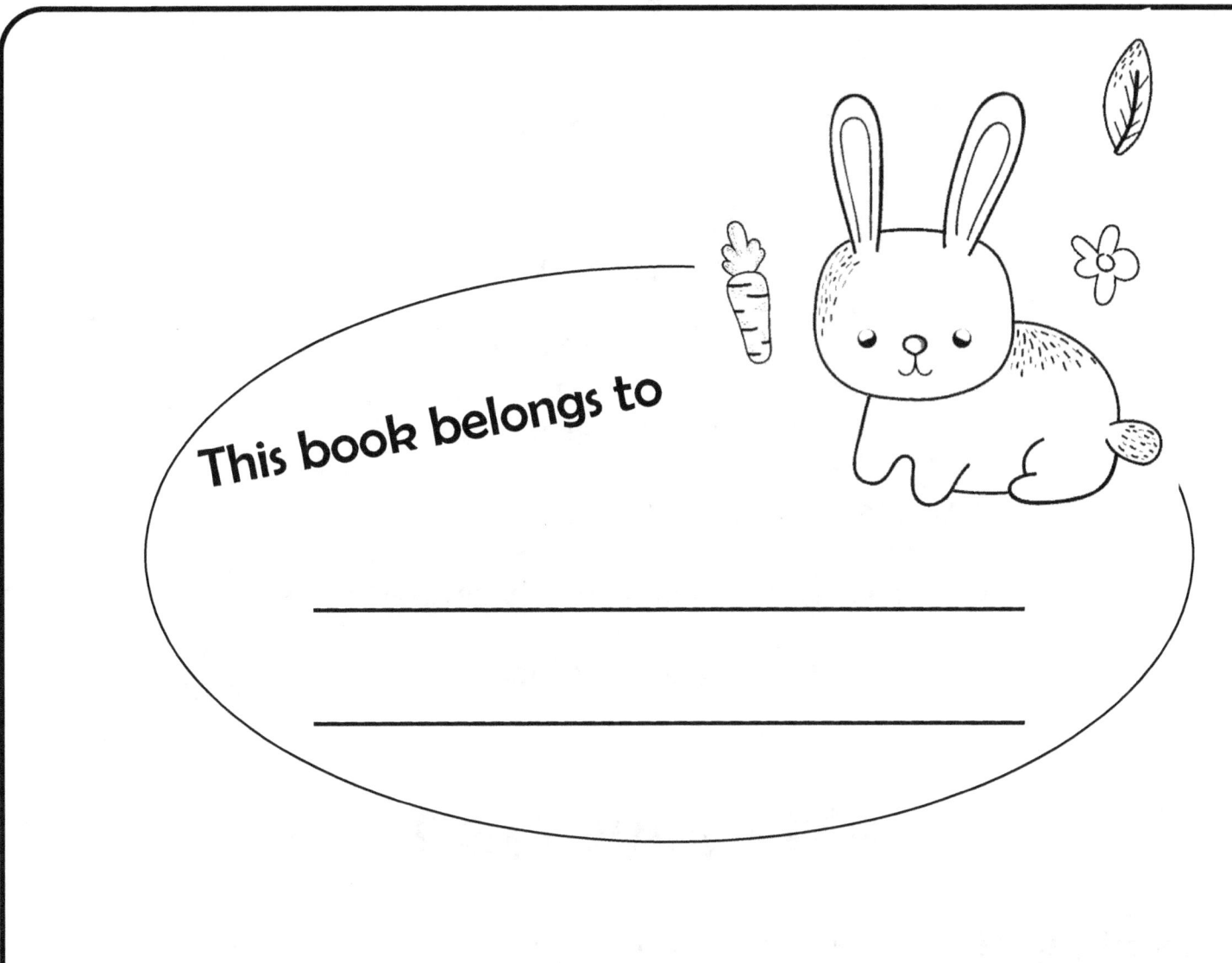

This book belongs to

_____

_____

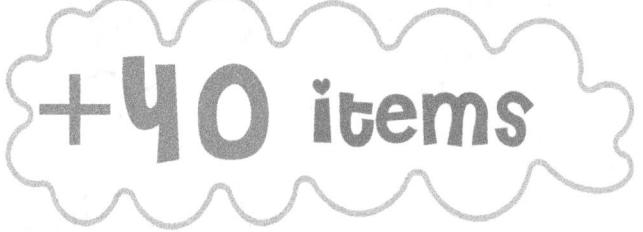

- For ages 3 and up
- From easy to difficult
- Large 8.5 x 11 pages
- Printed single side for no bleed through
- Perfect coloring book for kids of all ages
- Makes a great gift!

INTRODUCTION

Color each page to reveal Fruit and Food theme pictures!

Every page has a table divided into square, each square has a number.

Color the square according to the color key, which can be found in each page.

In this book you will find 3 different difficulty level (begin — medium — hard)

EXTRA FUN

By the way, each bright and colorful picture can be cut out and proudly display.

Have fun!

coloring test page

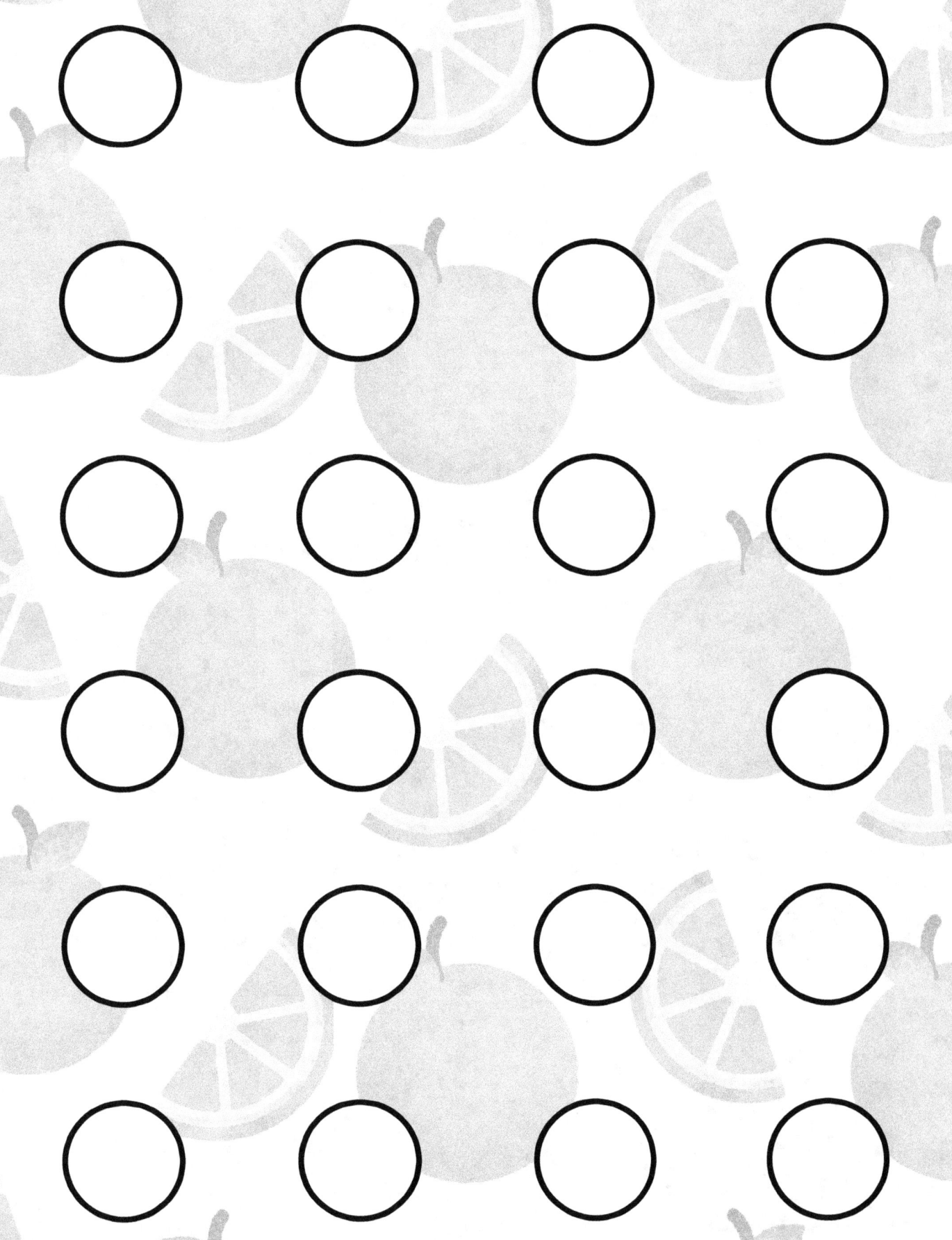

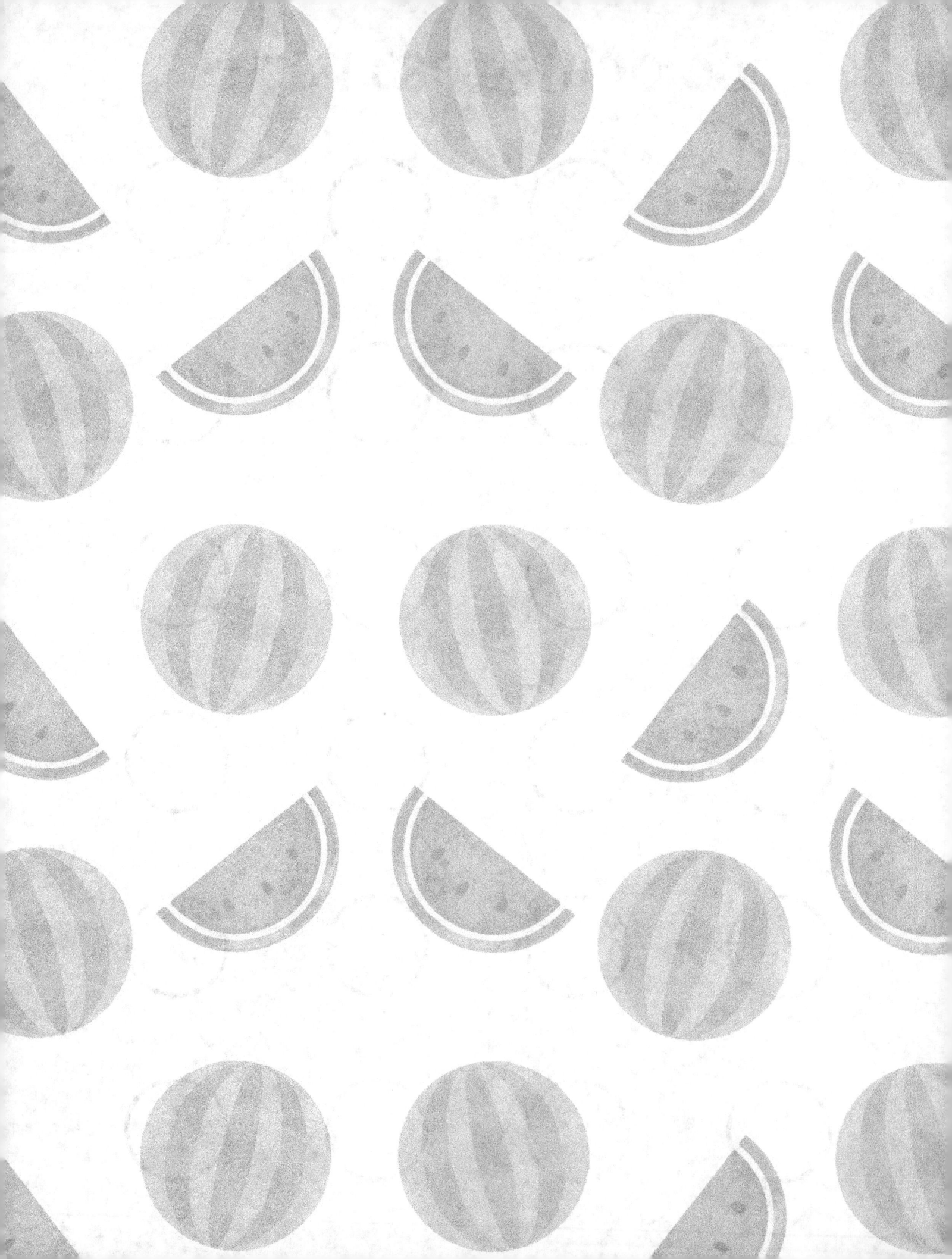

KEY:
- 1 red
- 2 dark green
- 3 yellow green
- 7 black
- 8 pink
- 9 aqua green

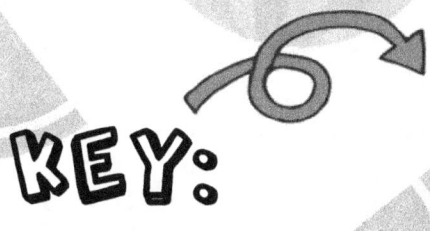

KEY:
- 1 yellow orange
- 2 yellow green
- 3 dark brown
- 4 red orange
- 5 dark green

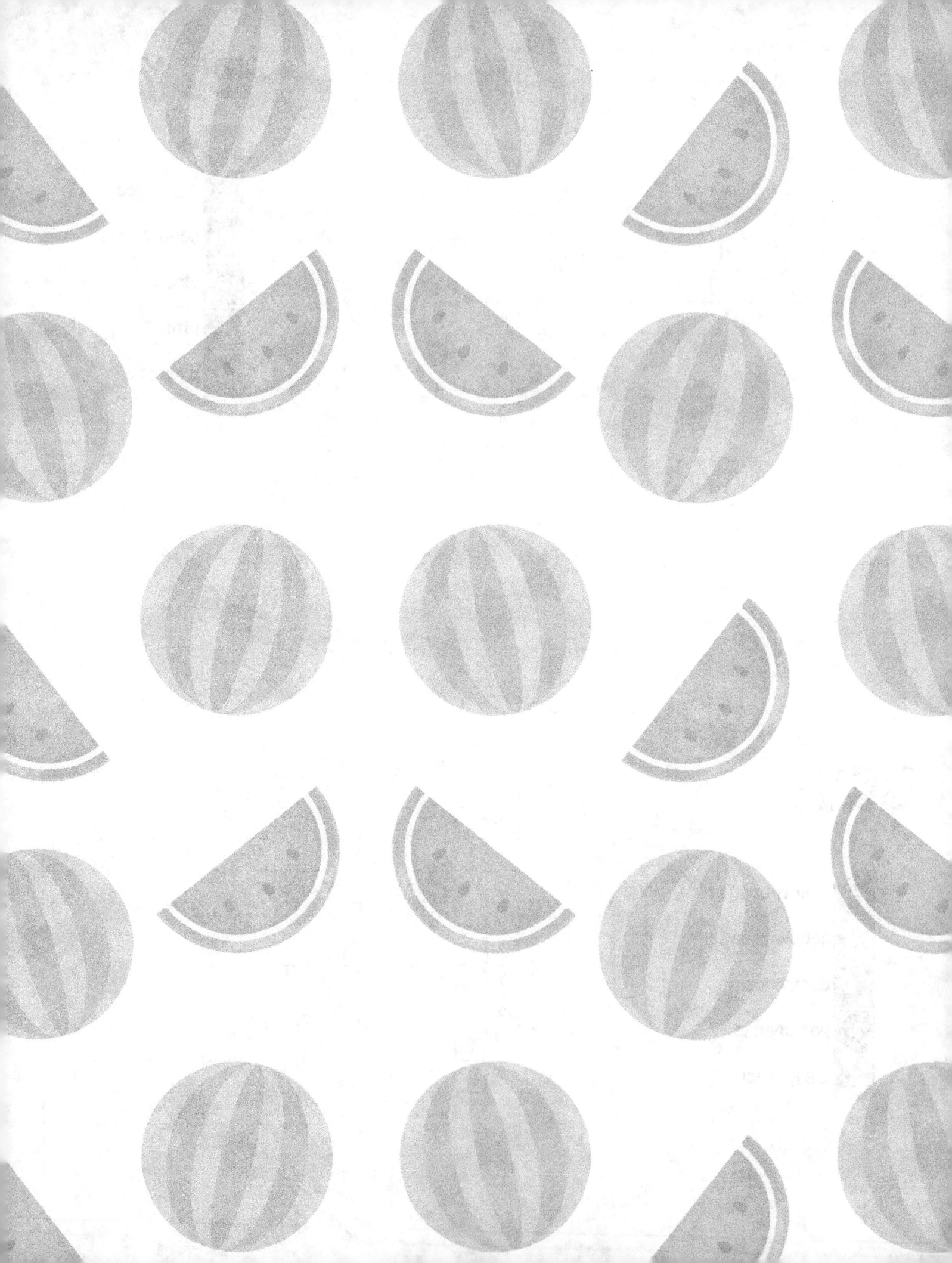

Grid 1

								3	2			
							1	5	3	2		
						1	1	5	5	3	2	
					1	1	6	1	4	3	2	
				1	1	1	1	1	4	3	2	
			1	1	1	6	1	1	4	3	2	
			1	1	1	1	1	1	4	3	2	
		1	1	1	6	1	1	1	5	4	3	2
	1	1	6	1	1	1	1	1	4	3	2	
3	5	5	1	1	1	1	5	4	3	2	2	
2	3	5	4	4	4	4	4	3	2	2		
	2	3	3	3	3	3	3	2	2			
			2	2	2	2	2					

KEY:
1	red
2	green
3	yellow green
4	peach
5	pink
6	black

Grid 2

					2	2	2			
					2	4	2			
					2	4	2			
			2	2	4	4	6	2	2	
		2	4	4	4	4	4	6	6	2
		2	3	3	3	4	4	6	6	6	2
		2	1	1	1	3	3	3	6	6	2
		2	1	1	1	1	1	3	6	6	2
		2	1	1	1	1	1	1	1	3	2
	2	2	2	2	2	2	2	2	2	2	2
	2		2	2	2	1	2		2	2	2	2
2	2		2	2	1	2	2		2	2	2
	2	2	2	1	1	1	2	2	2	2	
	2	1	1	1	1	1	1	1	2		
	2	1	1	1	1	1	2	1	1	2	
	2	1	1	1	2	2	1	1	1	2	
		2	1	1	1	1	1	1	1	2	
		2	1	1	1	1	1	1	1	2	
		2	1	1	1	1	1	1	2		
		2	1	1	1	1	1	1	2		
		2	1	1	1	1	1	1	2		
	2	1	1	1	1	1	1	2			
	2	1	1	1	1	1	1	2			
		2	1	1	1	1	1	2			
	2	2	1	1	1	1	1	2			
2	2	1	1	1	1	1	2	2			
2	1	1	1	1	1	2	2	2			
	2	2	2	2	2						

KEY:
1	red
2	black
3	brown
4	green
6	dark green

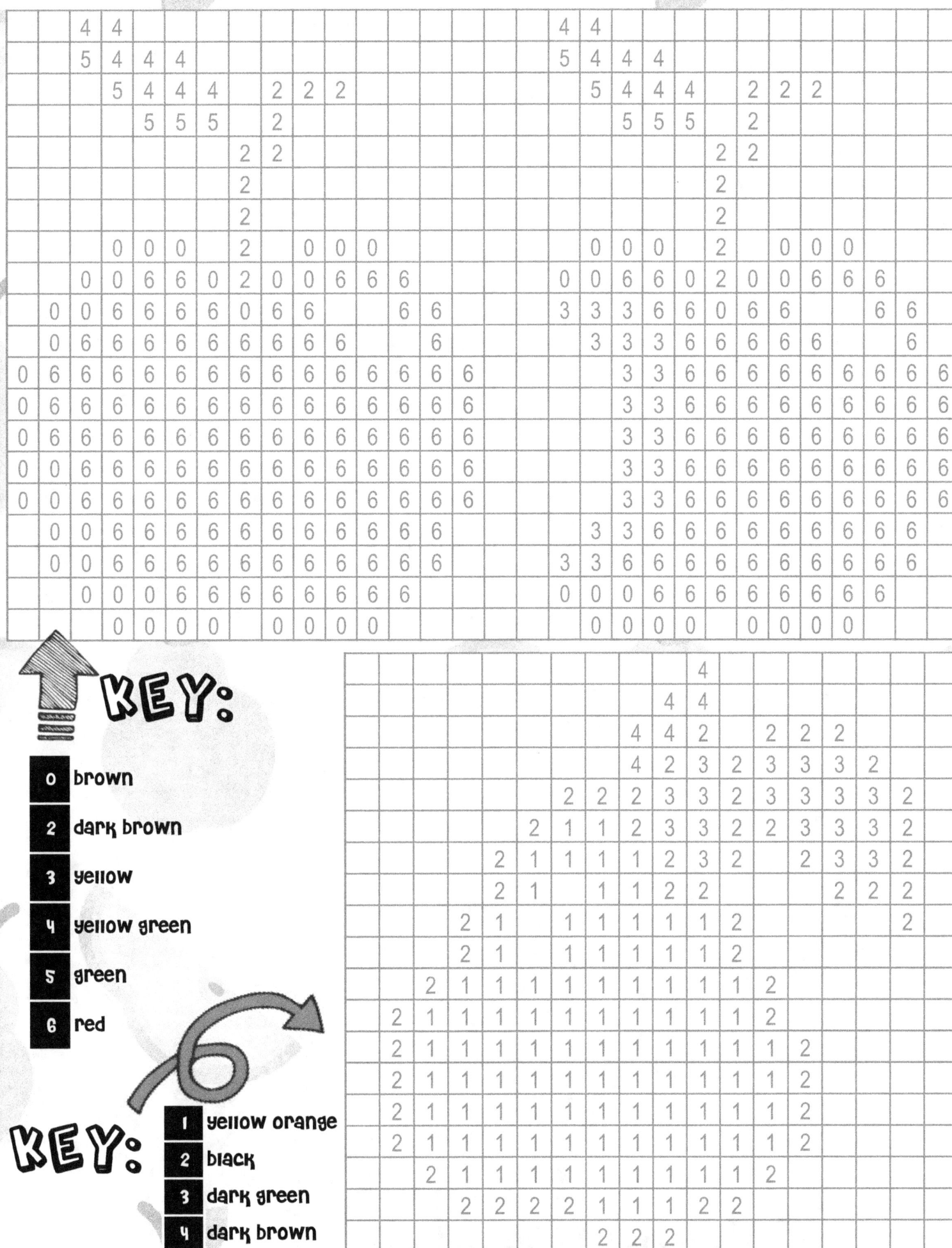

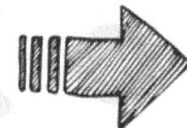

KEY:

0	white
1	orange
2	black
3	violet

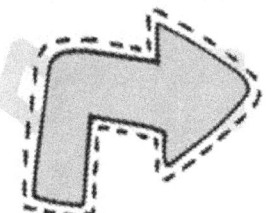

KEY:

1	red orange
2	black
3	dark green
4	dark brown
6	gray

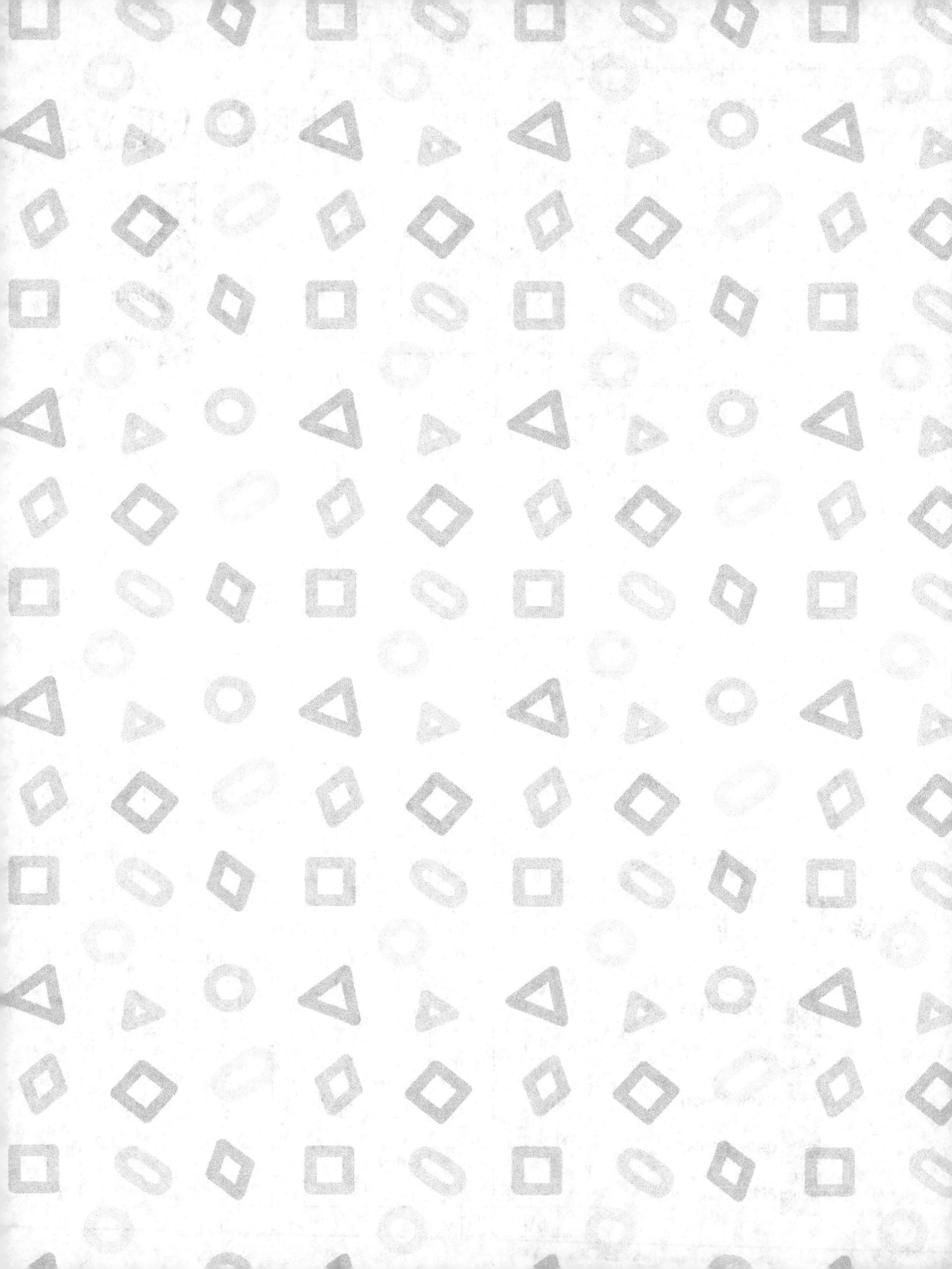

KEY:

1	yellow
2	dark green
3	yellow green
4	dark brown
5	peach
6	red
7	black

KEY:

1	light blue
2	black
3	pink

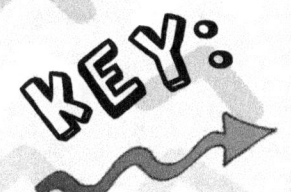

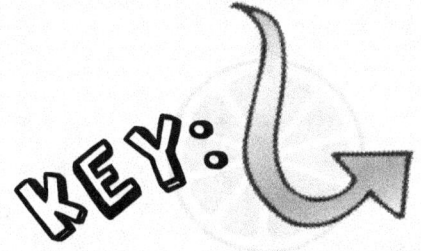

	black
1	black
2	red orange
3	gray
4	yellow
5	yellow orange
6	peach
7	orange
8	violet
9	brown

KEY:

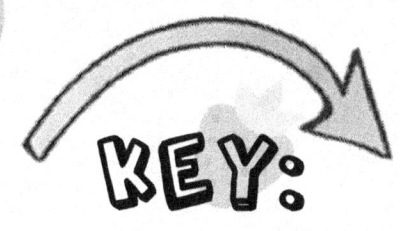

KEY:

1	black
2	red orange
3	light blue
4	violet
5	yellow
6	yellow green
7	brown
8	aqua green
9	dark violet
10	gray

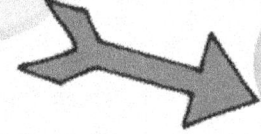

KEY:

1	pink		7	brown
2	black		8	tan
3	dark brown		9	green
4	red		10	dark violet
5	gray		11	yellow
6	light blue		12	violet

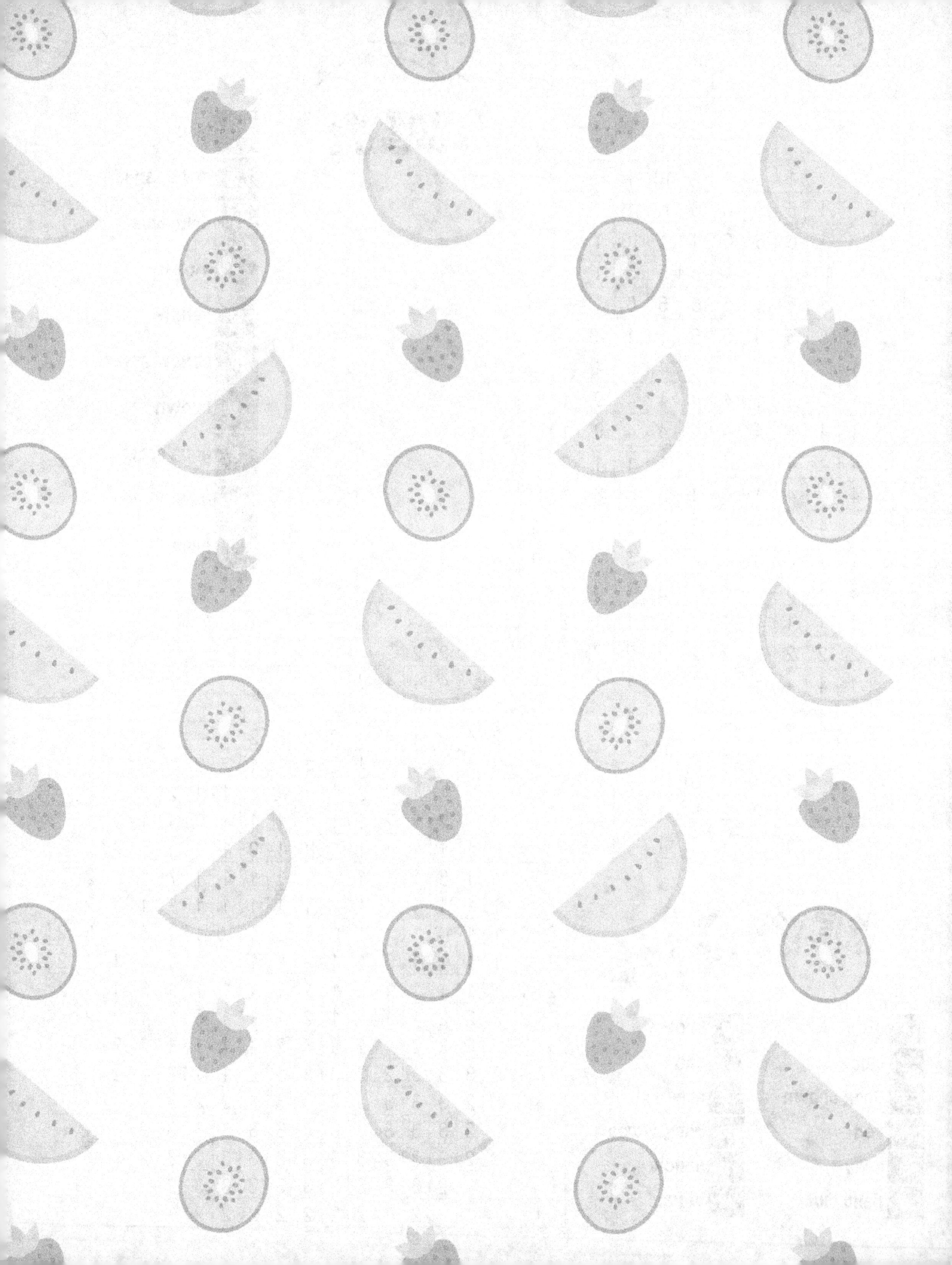

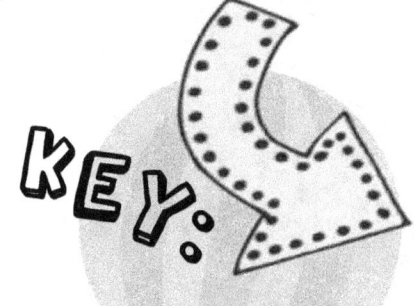

KEY:

1 light blue	6 dark green
2 brown	7 gray
3 dark brown	9 yellow green
4 tan	10 aqua green
5 pink	11 yellow

KEY:

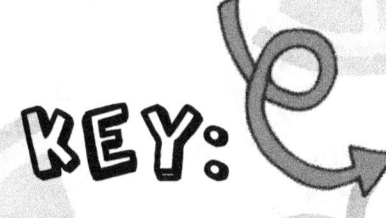

0	yellow green	5	gray
2	black	6	yellow
3	green	7	aqua green
4	dark brown	8	red

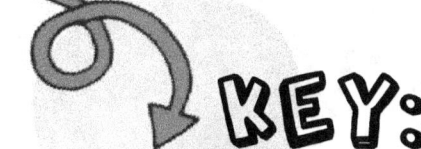

KEY:

1	black
2	green
3	yellow green
4	brown
5	red
6	light blue
7	yellow

KEY:

1	red orange
2	black
3	red
4	yellow green
5	yellow orange
6	yellow
7	brown
8	dark green
9	pink

KEY:

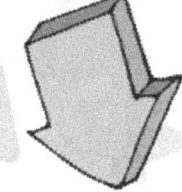

1	yellow green
2	green
3	yellow orange
4	aqua green
5	magenta
6	black
7	tan

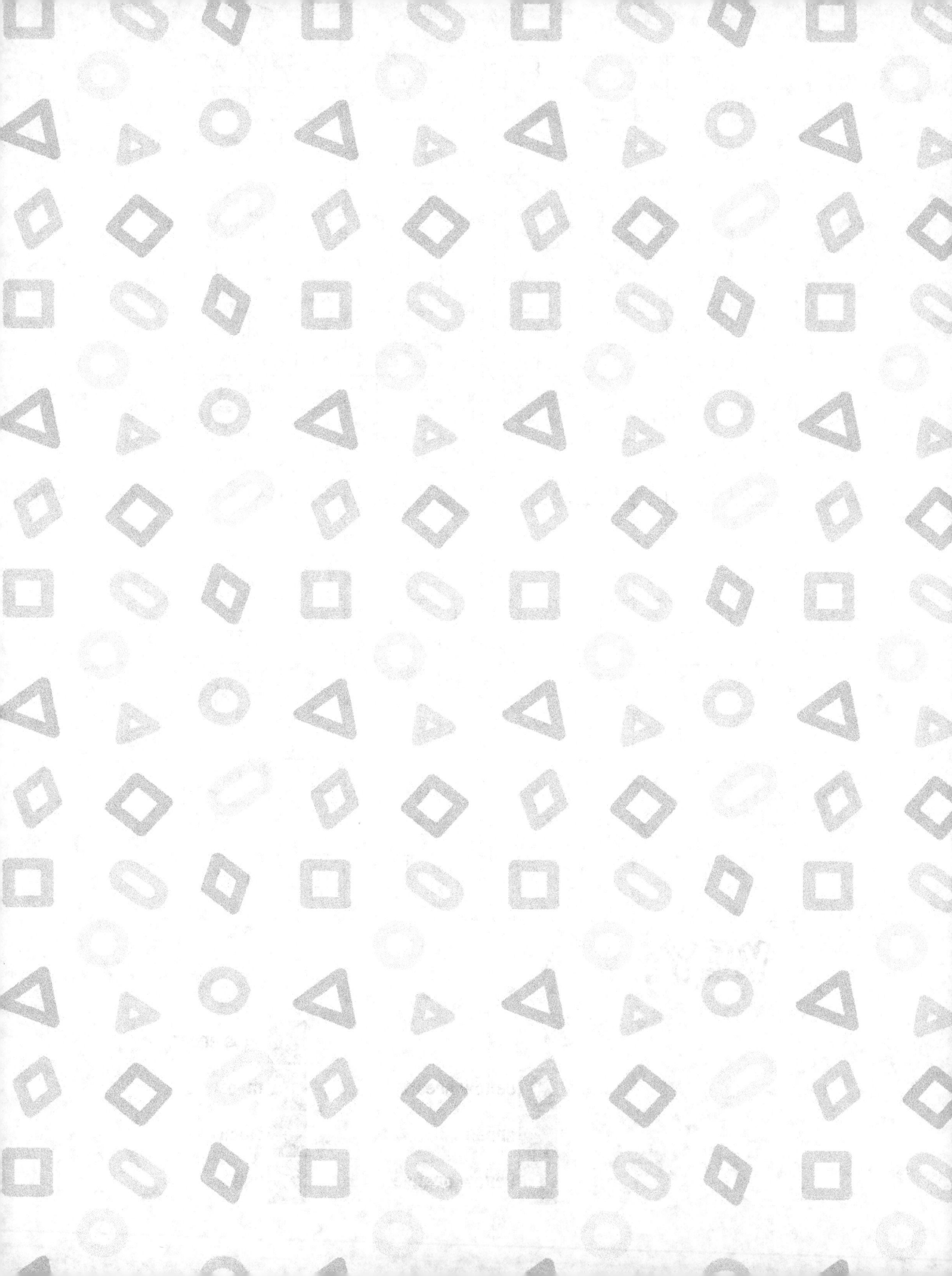

KEY:

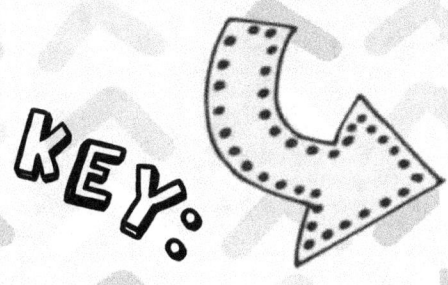

0	light blue
1	yellow
2	red orange
3	black
4	green

KEY:
1	yellow orange
2	dark green
3	brown
4	yellow green
5	black

Top grid:

			4			2			4			
			4	4	2	2	2	4	4			
		2		4	2	2	2	4		2		
		2	2	4	2	4	2	4	2	2		
	4	4	2	2	4	4	4	2	2	4	4	
		4	4	2	4	4	4	2	4	4		
	2	2	4	4	4	4	4	4	4	2	2	
		2	2	4	4	4	4	4	2	2		
		2	2	2	4	4	4	2	2	2		
			2	2	2	4	2	2	2			
				1	1	1	1	1	1			
			1	1	1	1	1	1	1	1		
		1	1	1	1	1	1	1	1	1	1	
	3	3	3	3	3	1	1	1	3	3	3	3
	3	3		5	5	3	3	3		5	5	3	3
	1	3	5	5	5	3	1	3	5	5	5	3	1
	1	3	5	5	5	3	1	3	5	5	5	3	1
	1	1	3	3	3	1	1	1	3	3	3	1	1
	1	1	1	1	1	1	1	1	1	1	1	1	
	1	1	1	1	1	1	1	1	1	1	1	1	
	1	1	1	1	1	1	1	1	1	1	1	1	
	1	1	1	1	1	1	1	1	1	1	1	1	
		1	1	1	1	1	1	1	1	1	1		
		1	1	1	1	1	1	1	1	1	1		
				1	1	1	1	1				

KEY:
1	red
2	black
3	yellow green

Bottom grid:

		2	2		2	2						
	2	3	3	2	3	3	2	2	2			
	2	3	3	3	3	2	1	1	1		2	
		2	3	3	2	1	1		1	1	1	2
		2	3	3	3	3	2	1	1	1	1	1	2
	2	3	3	2	3	3	2	1	1	1	1	1	2
		2	2	1	2	2	1	1	1		1	1	1	2
			2		1	1	1		1	1	1	1	1	2
		2	1	1		1	1	1	1	1	1	1	1	2
		2	1	1	1	1	1	1	1	1		1	1	2
		2	1	1	1	1	1	1	1	1	1	1	1	2
			2	1	1	1	1	1		1	1	1	2
			2	2	1	1	1	1			1	2
					2	2	2	2	2	2		

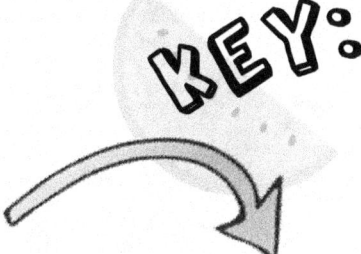

KEY:

1	yellow orange
2	red orange
3	green
4	orange
5	dark green
6	dark brown
7	black

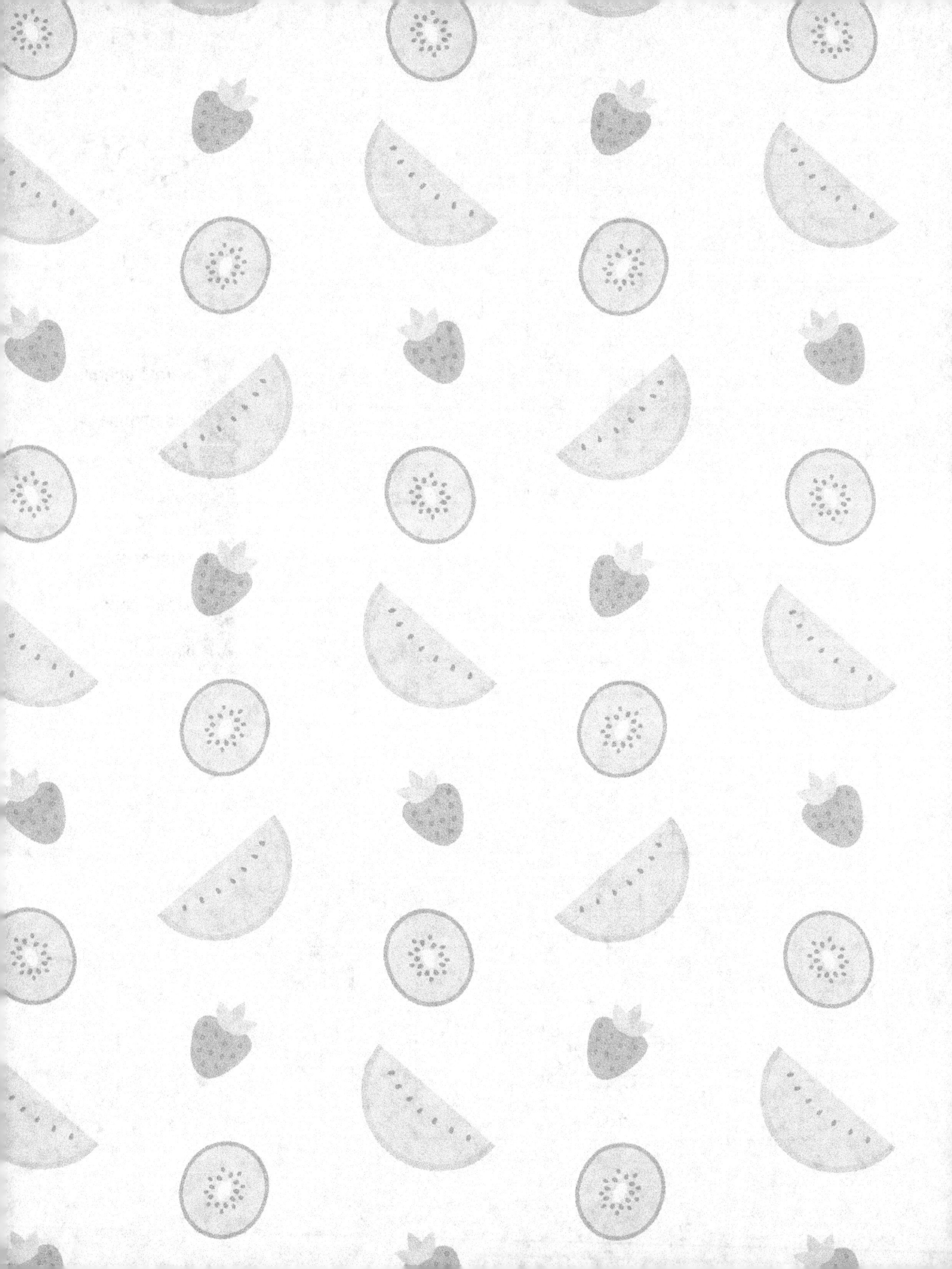

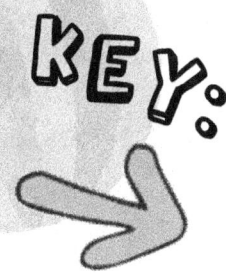

KEY:
- 1 yellow green
- 2 green
- 3 red
- 4 violet
- 6 brown
- 7 dark green
- 9 yellow
- 10 aqua green

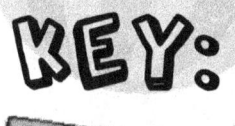

KEY:
- 1 yellow orange
- 2 dark green
- 3 dark brown
- 4 tan
- 5 yellow green
- 6 red
- 7 black
- 8 red orange
- 9 orange
- 10 green

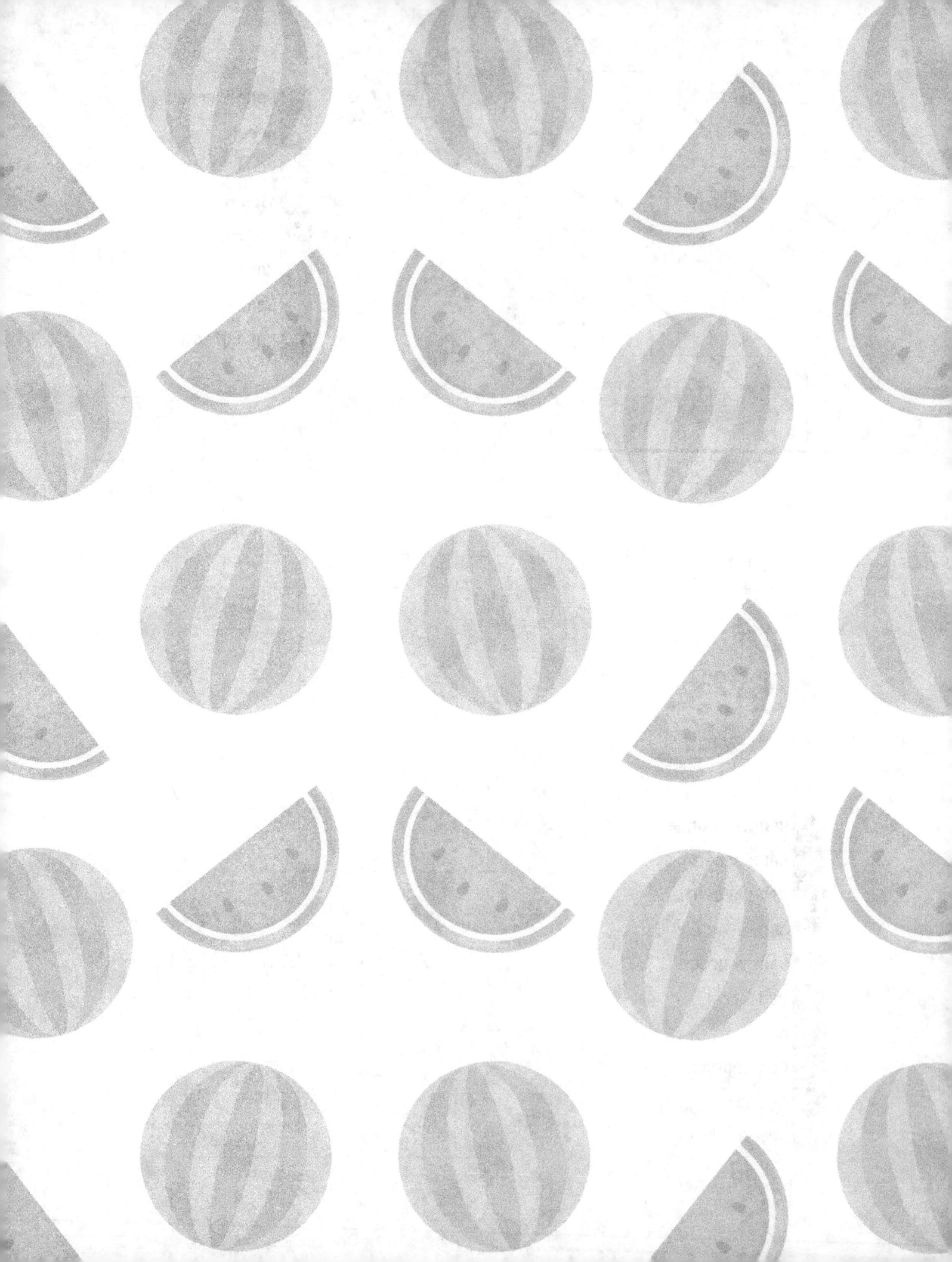

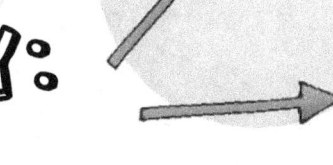

KEY:

1	peach
2	brown
3	pink
4	tan
5	yellow
6	red
7	dark violet
8	yellow orange
9	green
10	yellow green
11	orange

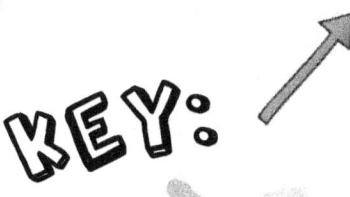

KEY:

1 red orange	**6** red
2 yellow	**7** green
3 yellow orange	**8** brown
4 dark green	**9** gray
5 tan	**11** dark brown

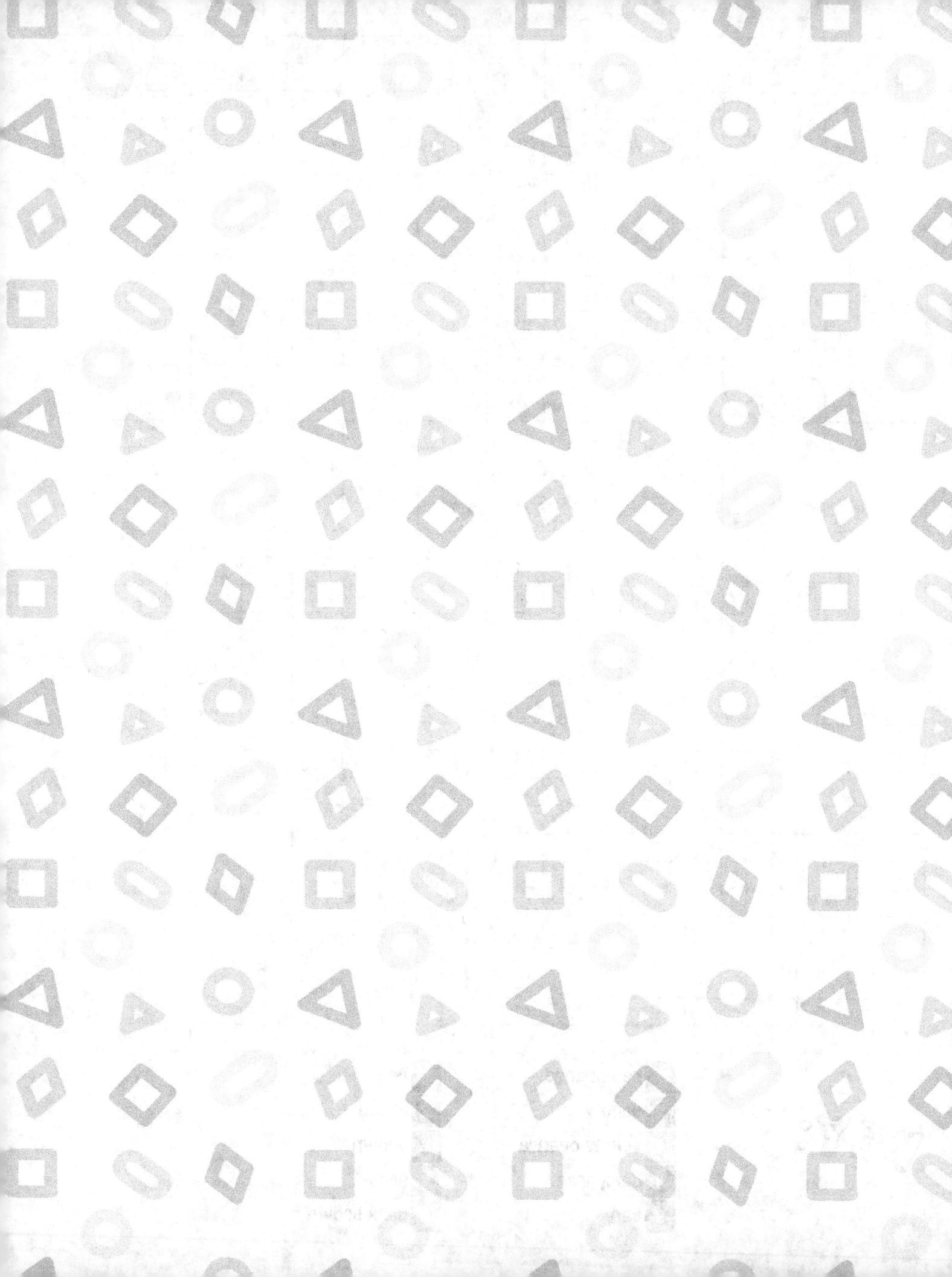

#	Color	#	Color	#	Color	#	Color
1	aqua green	4	green	7	yellow orange	10	orange
2	red orange	5	dark green	8	brown	14	yellow
3	black	6	dark brown	9	tan		

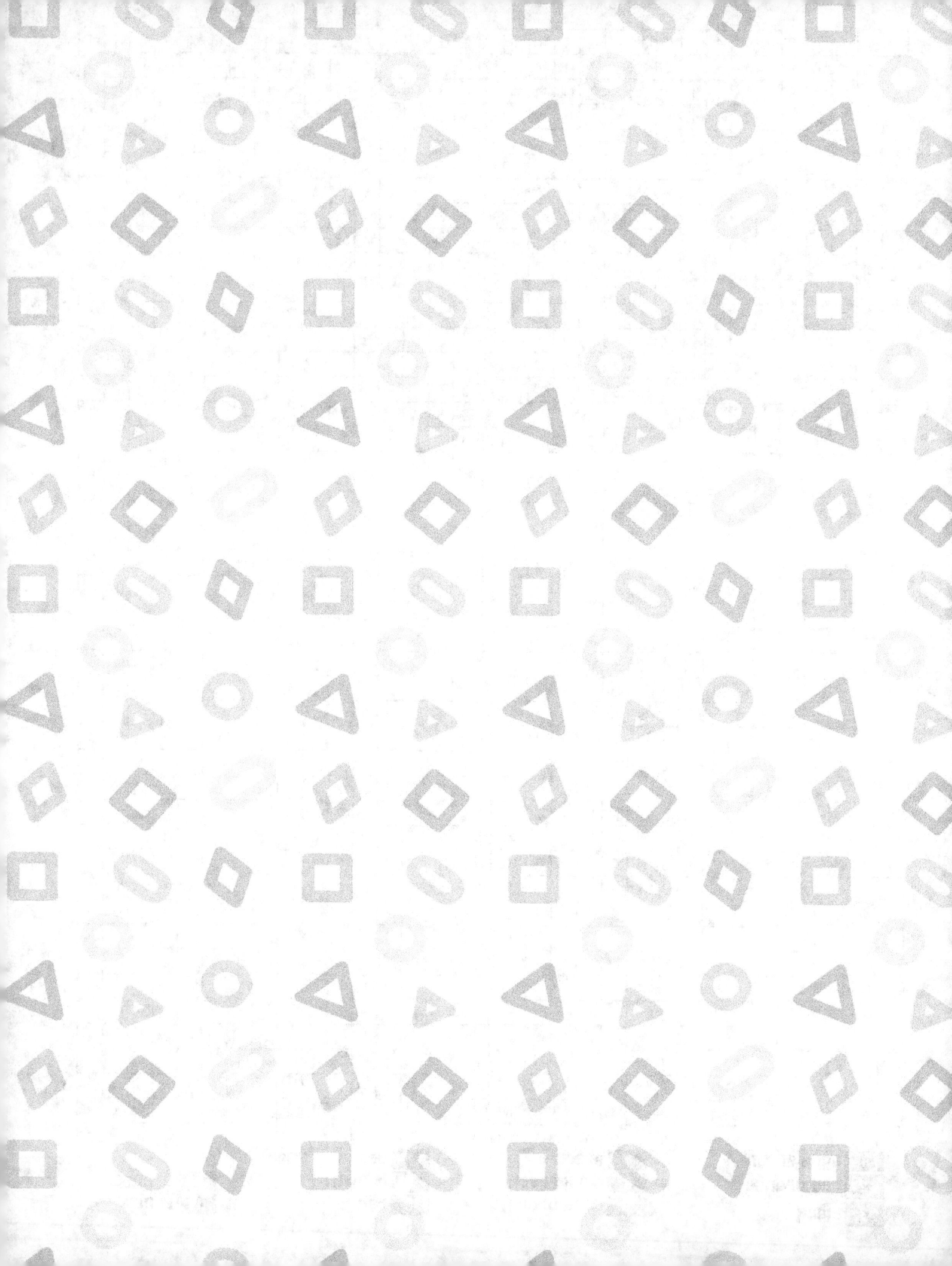

KEY: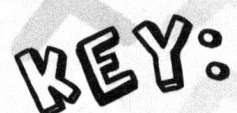

#	Color
1	brown
2	black
3	aqua green
4	dark green
5	green
7	pink
8	gray
9	light blue

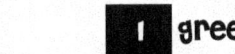

KEY:

1	green	
2	yellow green	
3	dark brown	
4	dark green	
5	black	
6	red	
7	yellow	
11	red orange	
12	orange	
13	aqua green	

KEY:

0	pink
2	brown
3	violet
4	dark brown
5	yellow orange
7	red orange
8	red
11	yellow green

KEY: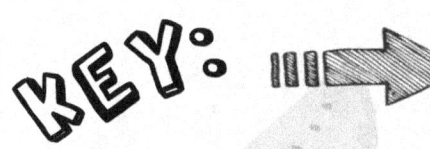

1	green
2	black
3	yellow green
4	dark green
6	pink

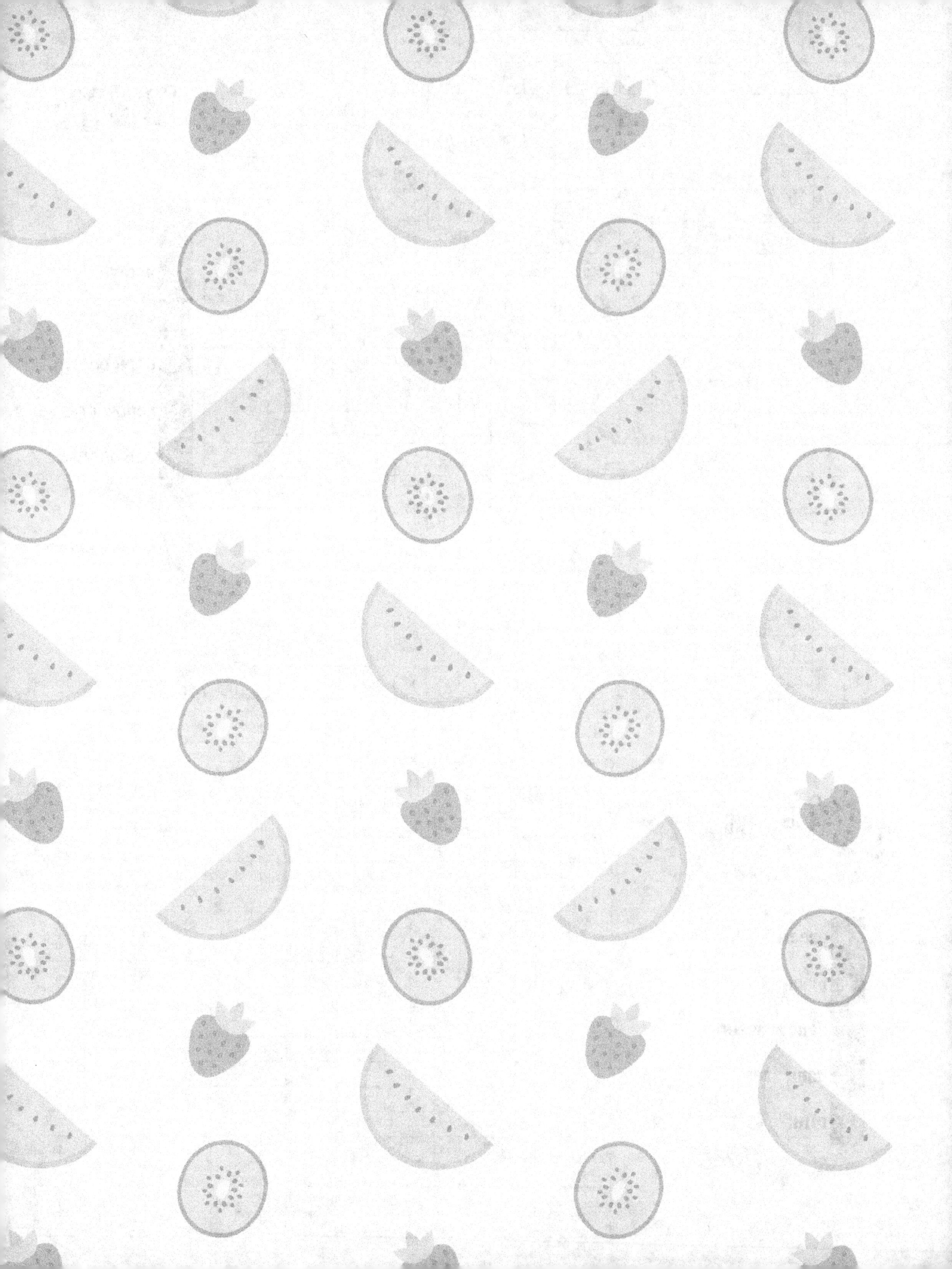

KEY:

1	black
2	yellow green
3	green

KEY:

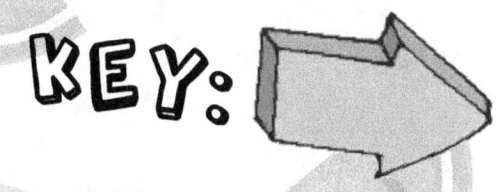

1	red orange
2	yellow

KEY:

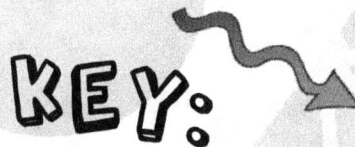

0	red
2	brown
3	yellow green
4	green
5	dark brown
7	black

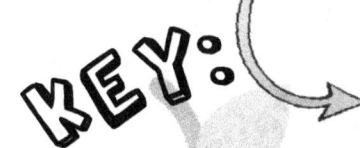

1	red orange	4	dark brown	7	green
2	red	5	brown	8	yellow green
3	yellow orange	6	dark green	10	black

KEY: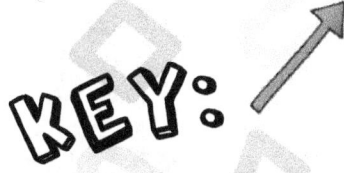

1	yellow orange
2	yellow
3	orange
4	brown
5	red orange
6	green
7	dark green

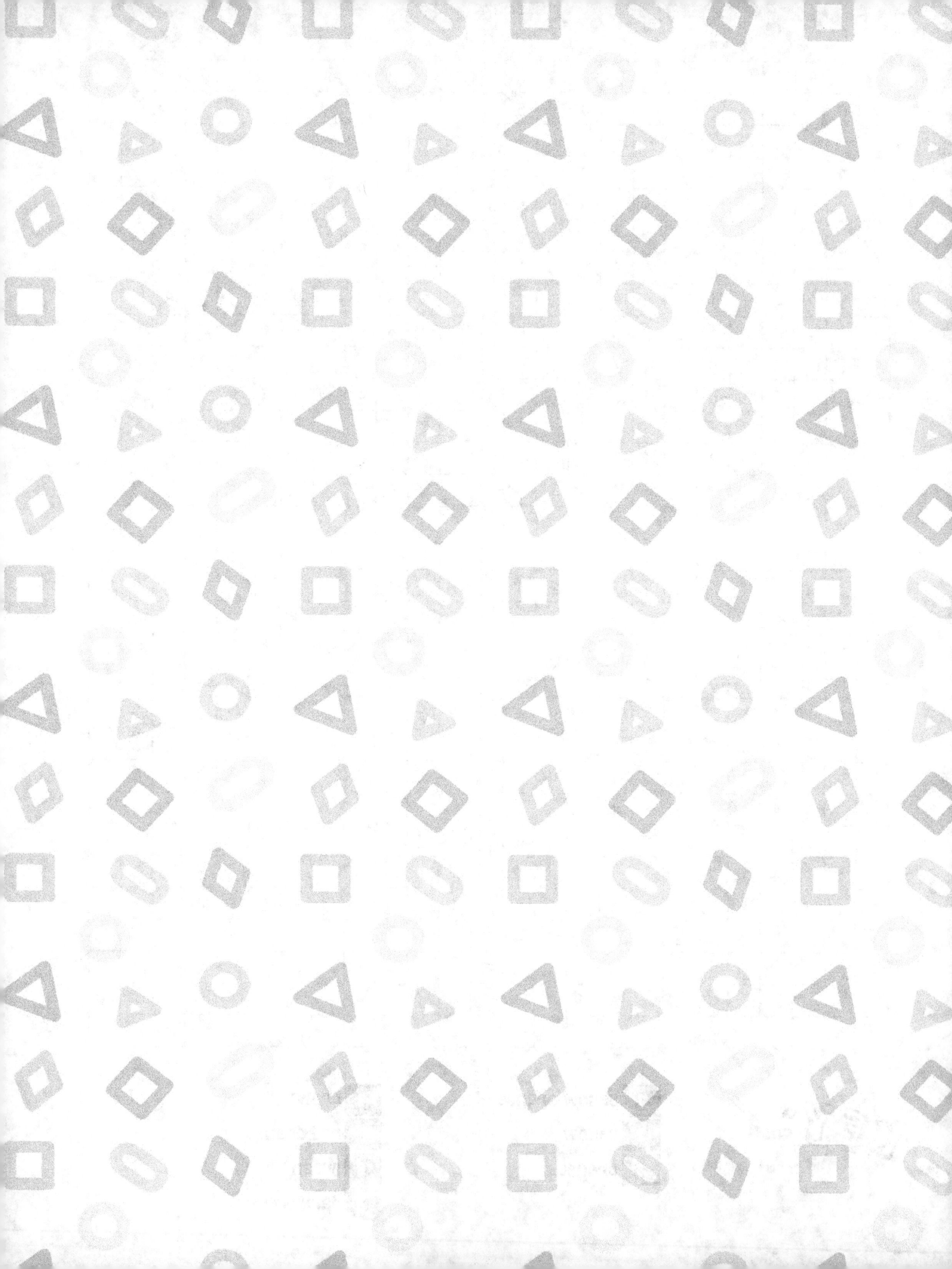

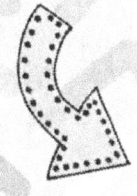

KEY:

1	brown	6	green
2	red	7	black
3	red orange	8	dark brown
4	dark green	9	gray
5	yellow green	10	pink

KEY:

1	yellow orange
2	yellow green
5	dark green
7	black

KEY:

1	yellow green
2	green
3	yellow
4	dark brown

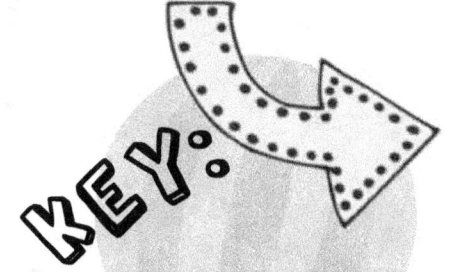

KEY:
1 yellow
2 black

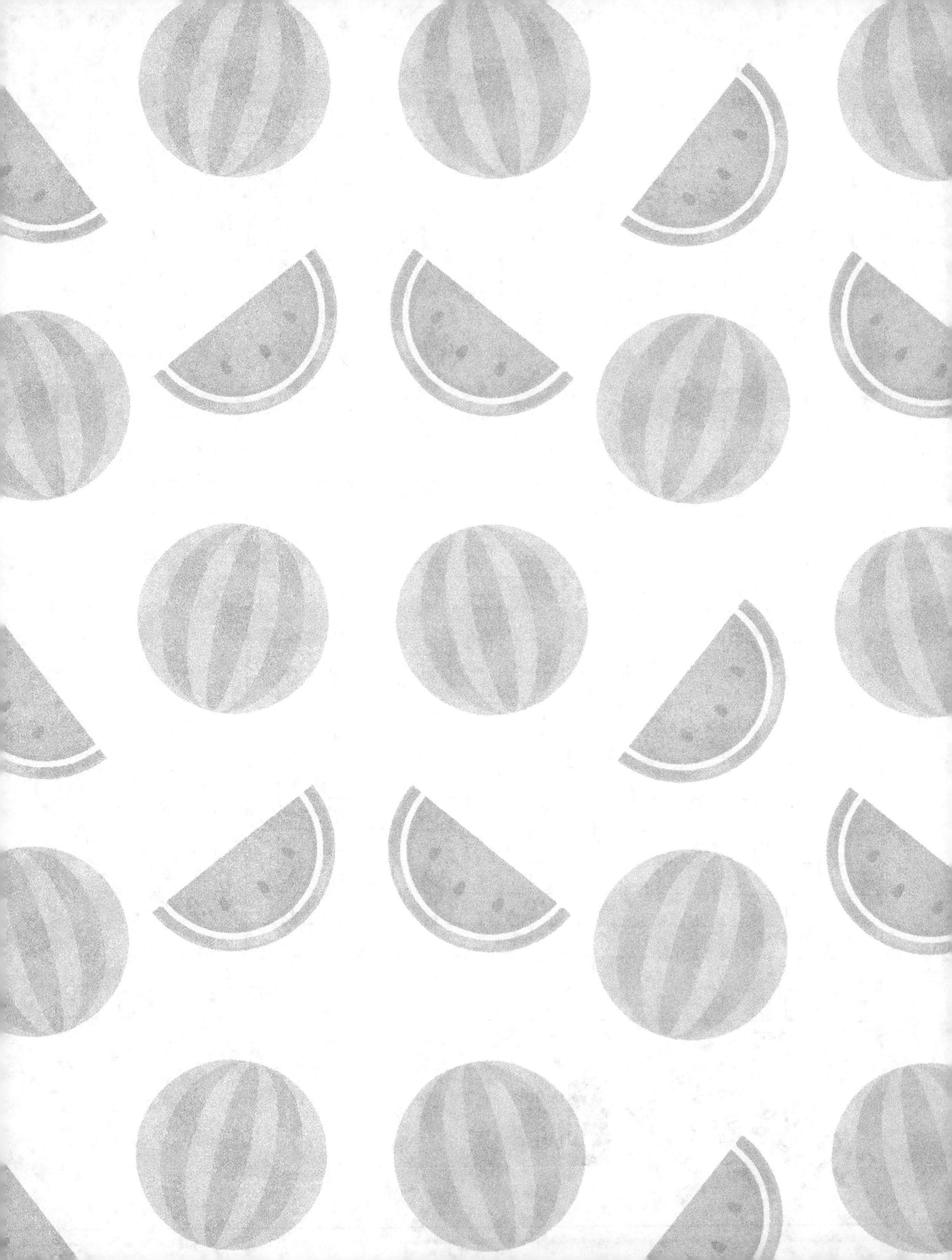

KEY:

0	yellow green
1	red
2	brown
3	black
4	red orange
5	green

KEY:

1	red orange
2	brown
3	red
4	yellow
5	pink
6	orange
8	peach
9	tan

KEY:

1	yellow
2	aqua green
3	light blue
4	red
5	red orange
6	yellow orange

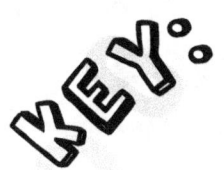

KEY:

1 red orange	5 pink	9 yellow green	13 green
2 red	6 black	10 dark green	14 yellow orange
3 orange	7 yellow	11 violet	15 tan
4 dark blue	8 brown	12 dark brown	16 peach

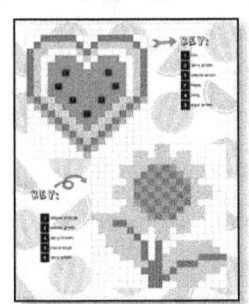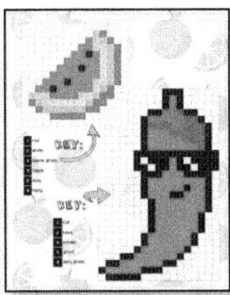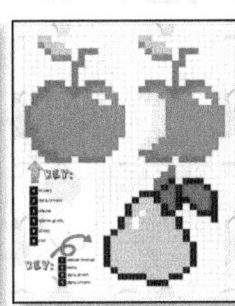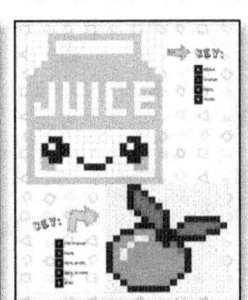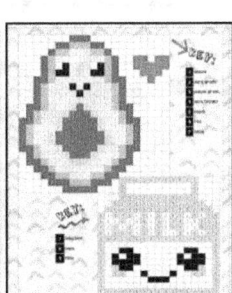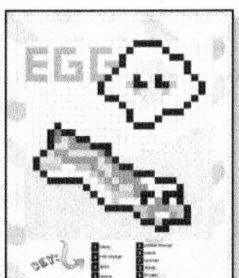
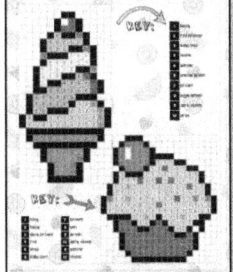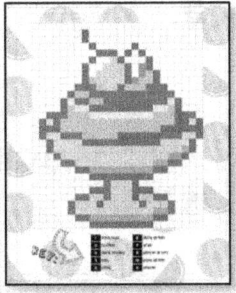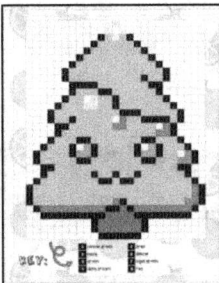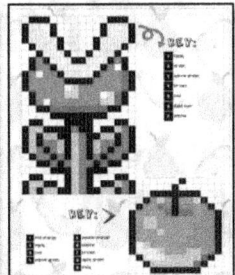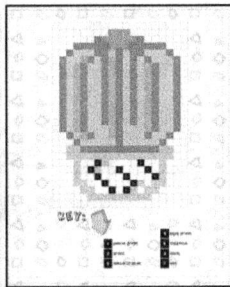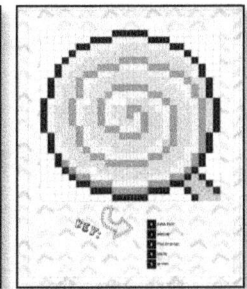
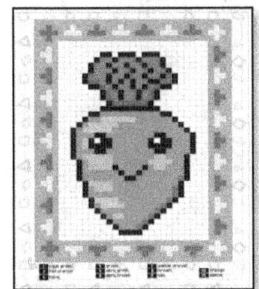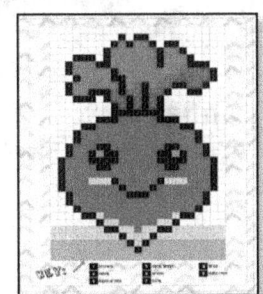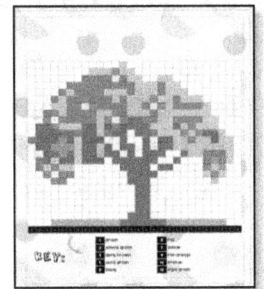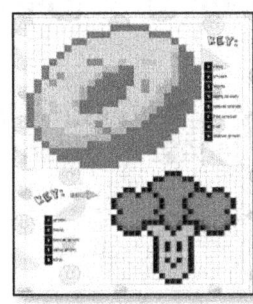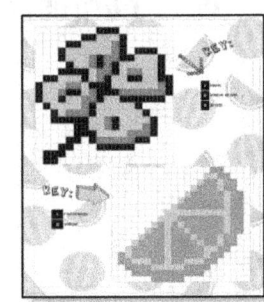
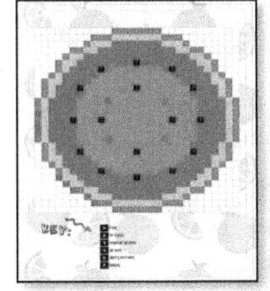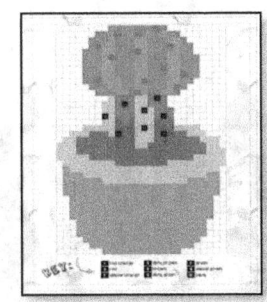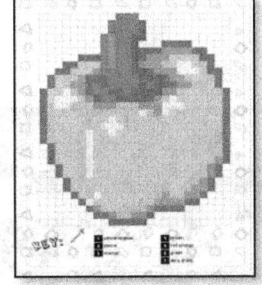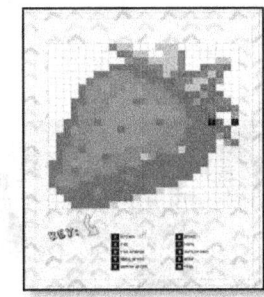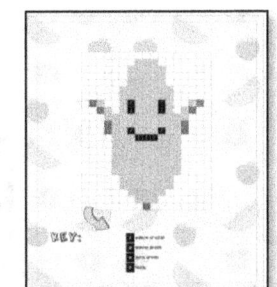
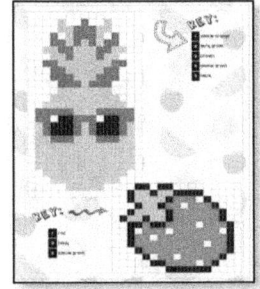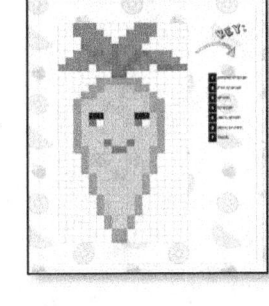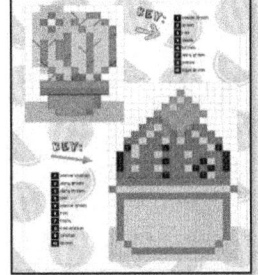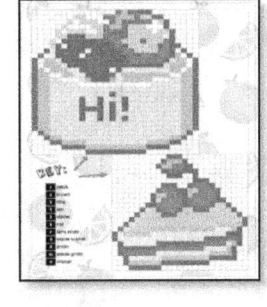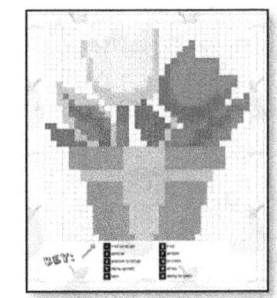
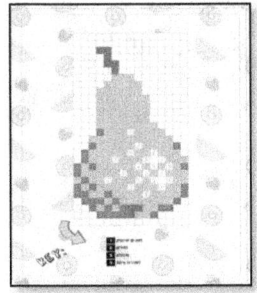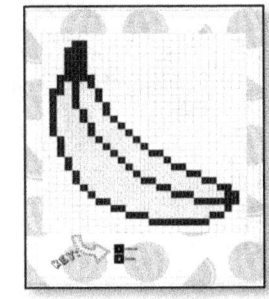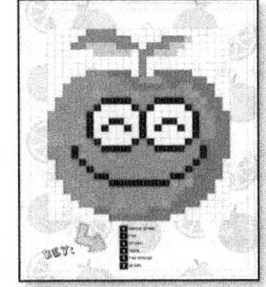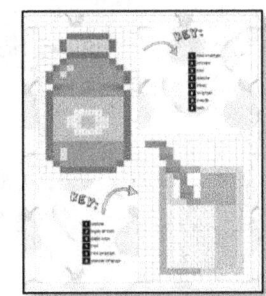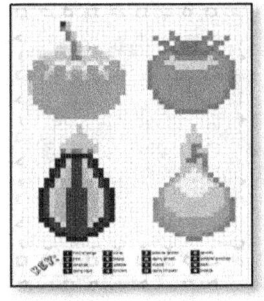

Thank You!

Thank you for choosing Bright-Ideas Paper Publishing.
We hope you enjoy coloring your pages.

Feel free to share your colored pages with friends, family, and within the coloring community. Copying or otherwise reproducing uncolored pages is strictly forbidden.

If you enjoy it, don't hesitate to contact us.
We are pleased to send you printable page of any page in this book.

> **A Special Request**
> -----
> Your brief Amazon review could really help us.
> Did this book meet your expectations? Review it on Amazon.
> Thank you!

Copyright © 2020 BRIGHT-IDEAS PAPER PUBLISHING All rights reserved.

No part of this book may be reproduced or transmitted in any form or by any means except for your own personal use or for a book review, without the written permission from the author.

BRIGHT-IDEAS PAPER
PUBLISHING
Content from the Vecteezy.com

www.ingramcontent.com/pod-product-compliance
Lightning Source LLC
Chambersburg PA
CBHW080522220526
45465CB00006B/2571